GENEVIÈVE HENNET DE GOUTEL

LE MIRACLE

DES FUSEAUX

LÉGENDE DU XVᵉ SIÈCLE EN DEUX ACTES

PARIS

René HATON, Libraire-Éditeur

35, RUE BONAPARTE, 35

Près Saint-Germain-des-Prés

1908

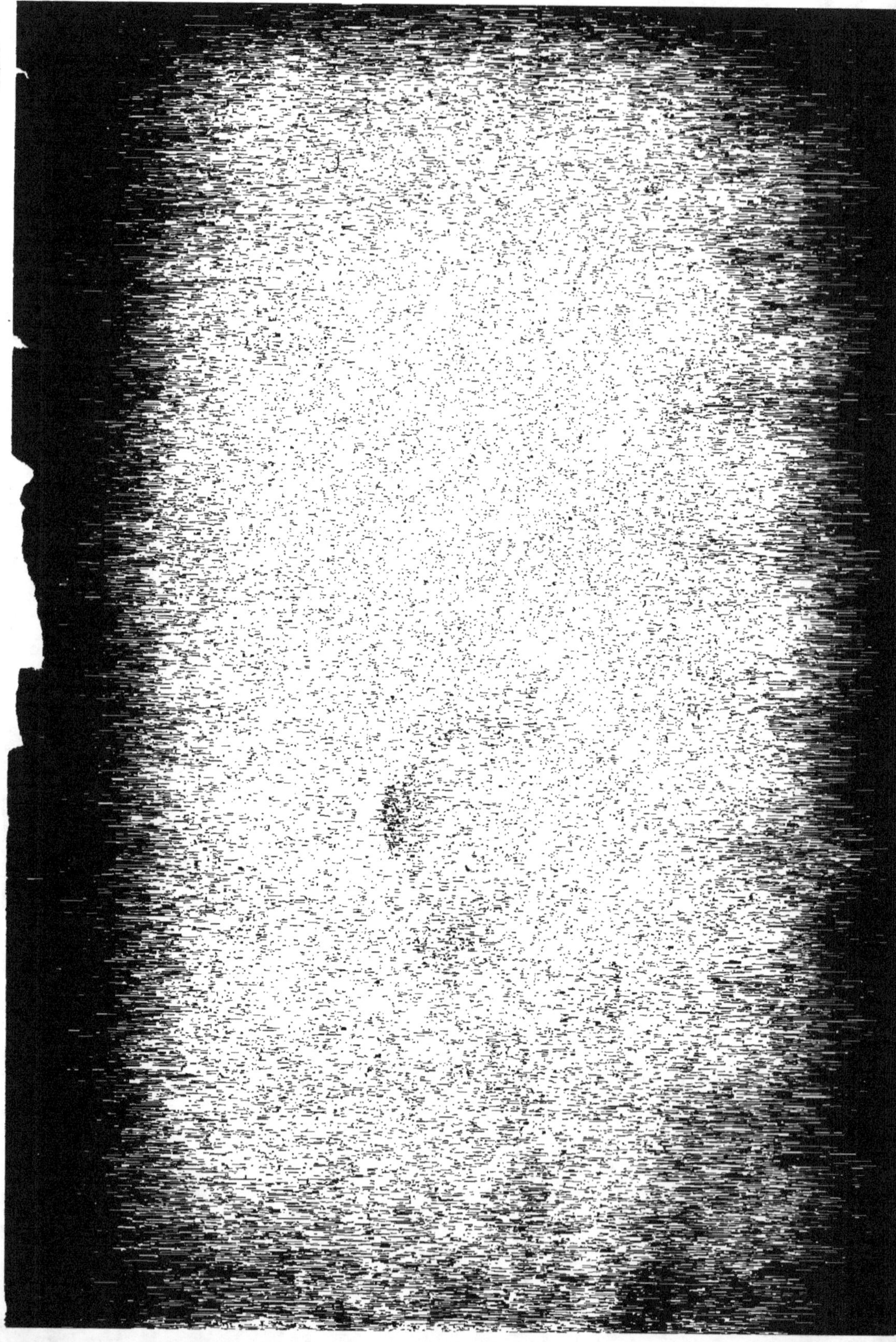

LE MIRACLE

DES FUSEAUX

———

Geneviève HENNET DE GOUTEL

LE MIRACLE

DES FUSEAUX

LÉGENDE DU XVe SIÈCLE EN DEUX ACTES

PARIS
René HATON, Libraire-Éditeur
35, Rue Bonaparte, 35

Près Saint-Germain-des-Prés

1908

A MA CHÈRE AMIE VALENTINE REYRE

En souvenir de nos travaux, de nos plaisirs toujours partagés, et d'une affection aussi vieille que nous deux, j'offre le MIRACLE DES FUSEAUX.

Qu'elle me permette de le dédier également à mes chères « Grandes » du Patronage, qui l'ont joué avec tant d'intelligence et de bonne volonté.

Puissent-elles ne point oublier, en creusant leur sillon dans la vie, que Travail, Prière et Charité assurent toujours le succès de la moisson.

Geneviève HENNET de GOUTEL.

LE MIRACLE DES FUSEAUX

La scène se passe à Bruges, au XVe siècle, dans
la demeure d'une pauvre dentellière.

Cave un peu délabrée ; au premier plan, à gauche,
statue de Vierge (style primitif flamand) accrochée à la boiserie du mur. Au-dessous de la Vierge,
un vieux rosier desséché est posé sur un petit
escabeau bruni. A côté, une huche à pain, un dres-
soir soutenant quelques plats de faïence et d'étain.

A droite, premier plan, haute cheminée, crémail-
lère soutenant une bouilloire de cuivre ; une chan
delle est accrochée au manteau de la cheminée ;
elle éclaire médiocrement la pièce.

Au fond, à droite, petite porte d'entrée gothique ;
le battant est percé dans sa partie supérieure d'une
étroite ouverture, bien grillée, se fermant à volonté.
Au fond, à gauche, on aperçoit un lit encastré dans
une alcove, à demi caché par ses rideaux de serge.

Prés de la cheminée, un vieux fauteuil, un rouet,
quenouille bien chargée de lin ; au premier plan,
tout à fait à gauche, carreau à dentelle recouvert
d'une draperie.

Au milieu, au fond, bercelonnette d'enfant.

Près du métier, un escabeau ; à côté du métier, une petite chaise ; tabouret de pied.

Le tout est dans une tonalité flamande et antique. Au lever du rideau la scène est dans une demi-obscurité et vide encore.

PERSONNAGES

TRUDE.   Jeune dentellière. Costume de veuve, gris souris, aumônière noire. Coiffe flamande entourant le visage.

GUDULE.   Grand'mère de Trùde, aveugle. Costume de vieille Flamande, couleur foncée. Coiffe blanche de forme surannée.

HILDA.   Noble Damoiselle. Costume de châletaine xve siècle. Robe brillante. Hennin couvert de joaillerie, supportant un long voile de dentelle ou de gaze, riche aumônière, manteau de cour bordé d'hermine.

ORTRADE   Suivante de Hilda. Costume sérieux, mais cossu. Hennin moins élégant, manteau court bordé de fourrure.

L'ERRANTE. Grande mante brune la recouvrant entièrement et capuchon de béguine.

LE MENEUR DE JEU   Costume de hérault communal. Justaucorps descendant jusqu'à mi-jambes, haut de chausses de couleur, souliers poulaines. Chaperon mi-recouvert d'une écharpe rouge pendant d'un côté et s'enroulant autour du cou. Grosse bourse à la ceinture, longue trompette cuivrée.

LE PETIT KLAUS   Enfant de Trùde, 3 ans ; petite tunique cendrée.

PAGE   Accompagnant Hilda, personnage, à volonté.

ANGES   (Au nombre de 5 à 8, plus à volonté). Longue robe blanche, pli formant scapulaire devant, galon d'or au cou en carré. Cheveux flottants retenus par un mince bandeau blanc. Grandes ailes gothiques en légère mousseline.

LE MIRACLE DES FUSEAUX

Avant le lever du rideau.

LE MENEUR DE JEU, *muni d'un grand parchemin qu'il déploie :*

Très hautes et bonnes gens qui êtes venus céans de bien loin, daignez ouir ce beau miracle !

Sachez que vous n'êtes plus en la salle du Luxembourg, nenny en la cité de Paris (1), mais bien en l'antique ville de Bruges, un soir d'hyver ou tombait la neige, l'an du Christ quatorze cent septante et trois.

Verrez humble logis, où pauvre dentellière ouvrait dans l'obscurité dentelle merveilleuse, à l'usage de haute et puissante princesse; ouïrez combien Dame Vanité et Dame Légèreté peuvent causer de grands ravages !

(Le Meneur s'en va, puis revenant sur ses pas :)

En tirerez vous-mêmes, je crois, utiles et salutaires conséquences.

RIDEAU

---

(1) Le récit du Meneur de Jeu est tel qu'il a été dit lors de la première représentation le 23 février 1908 à la salle du Luxembourg (Cercle des Etudiants)· Cette petite phrase doit être changée suivant les circonstances.

PREMIER ACTE

LE MIRACLE DES FUSEAUX

PREMIER ACTE

SCÈNE PREMIÈRE

HILDA, ORTRADE

(A deux reprises on entend frapper à la porte.)

HILDA *(au dehors, impérieusement.)*

Par ma foi, puisque personne ne daigne répondre, entrons céans. *(Elles entrent toutes deux. Hilda examine tout autour d'elle d'un air étonné.)* Comme c'est laid ici ! Que tout est donc noir ! Est-ce que tu ne te serais pas trompée de porte, ma vieille Ortrade ?

ORTRADE

Non, Damoiselle, c'est bien ici que demeure Trùde la dentellière ; autrefois, j'y accompagnais votre noble mère. *(Un silence)*. Vous allez voir enfin tout à votre aise le merveilleux ouvrage commencé pour vous depuis si longtemps.

HILDA (*vivement*).

C'est facile à dire, ma mie ! Je le verrai peut-être avec les yeux de la foi, mais guère autrement. Je ne pourrais distinguer un rouet d'un escabeau dans cette méchante obscurité ! (*Un regard circulaire.*) Mais où donc est cachée la dame et maîtresse de ce beau logis ?

ORTRADE

Toutes deux vont revenir, sans doute ; il est même singulier que la vieille Gudule ne soit pas là... Pauvre chère femme, elle ne quitte guère son fauteuil, et sa petite-fille Trùde ne bouge mie de son ouvrage.

HILDA

Oh ! la déplaisante chose ! (*Elle frappe du pied*). Je déteste attendre ! Que pourrais-je bien faire jusqu'à leur retour ? Une idée, je vais chercher moi-même cette dentelle ; elle ne peut être bien cachée, rien ici ne porte verrou.

Allons, cherche un peu aussi, remue-toi, Ortrade, ma mie. (*Elle fouille partout en dérangeant plusieurs meubles*).

ORTRADE (*scandalisée*).

Prenez garde, Damoiselle, vous n'êtes pas dans votre château de Valkerke ; je sais bien que là-bas vous pouvez faire endêver tout le monde, mais les pauvres dentellières vont être désolées si vous charpagnez ainsi toutes leurs affaires.

HILDA *(haussant les épaules)*

Qu'importe ! (*Légèrement*). Qu'elles aillent donc se plaindre à mon père, si elles osent, ces filles de manants. Je paie bien assez cher cette dentelle pour la voir quand je veux ; (*A Ortrade*) où je veux, (*Au public, moqueuse*) et comme je veux. (*Elle bouleverse tout en faisant du bruit*).

SCENE II

LES MÊMES, GUDULE (*appuyée sur un bâton*)

GUDULE

Est-ce toi, Trùde, qui est déjà rentrée ? J'ai été sentir un peu le soleil pendant que tu n'étais pas là, mon enfant, mais il fait déjà froid et me voici.

Le mire t'a-t-il donné quelque nouveau remède pour notre petit Klaùs ?

ORTRADE *(s'avançant)*

C'est moi ; c'est Dame Ortrade, ma bonne Gudule ; j'ai amené ici notre jeune Damoiselle de Valkerke ; elle apprit ce matin que vous travaillez à une dentelle pour sa robe de noces depuis fort longtemps et ne m'a pas laissé de trève que je ne l'aie conduite ici.

Que voulez-vous ? C'est jeune, à son âge, on aime les ajustements.

GUDULE (*confondue d'étonnement et de ravissement*)

Oh ! ma belle Damoiselle ! Quel grand honneur et liesse vous nous faites ; combien Trùde va être heureuse !... C'est que nous parlons souvent de vous, Damoiselle, alors qu'elle fait aller ses fuseaux... et elle ne les quitte guère, pauvre enfant !... (*Se ravisant*). Excusez-moi, Damoiselle, je suis de ces vieilles gens qui suivent leurs idées, et je ne songe même pas à vous offrir un escabeau. C'est que j'ai perdu l'habitude des belles visites depuis que votre mère n'est plus là

Dame Ortrade ! Voulez-vous avancer le grand fauteuil pour la demoiselle ; vous savez que je n'y vois plus clair.

(*Ortrade offre à Hilda le fauteuil près de la cheminée ; elle-même prend la chaise près du berceau ; Gudule cherche à tâtons le petit escabeau de la dentellière.*)

HILDA

C'est vrai ! vous êtes aveugle ?

GUDULE

Hélas, oui ! (*Elle s'assied*). Voilà tantôt huit années. Mais c'est la première fois, que je le regrette si fort ; j'aurais tant aimé voir la fille de notre pauvre chère dame ; elle doit être si jolie, à présent ! (*Un silence*). Je me rappelle vous avoir vue dormant poings fermés, toute menue et rose en votre ber-

ceau ; on eut dit l'Enfant Jésus qu'à la Noël les
dames béguines revêtent d'une chemisette fine
et blanche. (*Elle joint les mains.*) Sainte Vierge !
Que doit-ce être maintenant ?

HILDA

Alors, vous avez connu ma mère ? Moi, je ne me
la rappelle plus du tout.

GUDULE

Si je l'ai connue !... Mais elle venait me voir
quand elle était encore toute jeunette. Si jolie elle
était, arrivant dans ce vieux logis, c'était quasi
un rayon de soleil : tout était éclairé ici. (*Elle joint
les mains, perdue dans ses souvenirs*). Ah !... je me
souviens...... Elle voulait toujours que je lui ap-
prenne à faire ma dentelle, chère mignonne ! Elle
s'asseyait sur cet escabeau que vous voyez là, dans
ce coin ; je lui mettais ma grosse Bible pour
qu'elle fût assez haute ; et elle s'appliquait, elle
s'appliquait ;... mais, (*Sentencieusement*) « patience
n'est pas vertu d'enfant » ; elle riait et brouillait
tous mes fuseaux, voulant faire l'ouvrage plus
vite. Il fallait passer des heures à tout remettre en
place. C'est égal, (*Tristement*) c'était bien le bon
temps, jadis, puisque je pouvais encore travailler
et qu'elle était heureuse.

HILDA

Racontez-moi donc l'histoire de ma dentelle ;

Dame Ortrade dit que vous la savez mieux que personne. Après vous me la montrerez.

GUDULE

Oh ! c'est bien simple, voilà tantôt vingt années passées, je crois bien, quand notre pauvre comtesse était une jeune et jolie jouvencelle comme vous ; elle vint trouver sa vieille Gudule, comme elle m'appelait et me dit : « Regarde donc ce vieux dessin que j'ai trouvé entre deux planches dans un coffre, datant au moins de l'empereur Charlemagne. » — Car, Damoiselle, votre noble mère, en très sage épousée, allait quérir elle-même en tous recoins, choses vieilles et belles pour orner son nouveau logis. — « Ne pourrais-tu pas ressusciter cette dentelle, elle ornerait la robe de ma fille au jour de son baptême. « — Alors, elle déploya un rouleau de parchemin ; je le vois encore, c'était le plus merveilleux dessin qui ait jamais existé, mémoire de dentellière de Bruges ! Mais quel travail ! doux Jésus, il fallait bien vingt ans pour en venir à bout ! — « Ma chère Dame, que je lui dis, ce ne sera pas la robe de baptême, mais bel et bien la robe de noces de l'enfant que voilà, s'il plaît à Dieu de me conserver assez longtemps pour cela ; et, tout de suite, je me suis mise à l'œuvre. (*Gudule parle lentement*). De temps à-autre, notre Dame venait voir comment cela marchait. Ne te presse pas tant, Gudule, me disait-elle.

HILDA (*à part, impatientée*)

Elle pourrait bien se presser un peu !

GUDULE (*suivant son idée*)

Tu travailles trop, ma mie ; ménage un peu tes yeux ; ne crois-tu donc pas que je vivrai assez longtemps pour voir la dentelle sur la robe de ma chère petite Hilda.

HILDA (*à part, les yeux au plafond*)

Quelle langue !

GUDULE (*continuant*)

Hélas, la pauvre ! le bon Dieu l'a prise en son beau Paradis, (*Tristement*) et plus jamais n'est venue voir sa vieille Gudule. (*Se reprenant*) Mais j'ai continué pour vous, chère mignonne, et puis aussi parce que c'était notre gagne pain. J'ai appris le point merveilleux à Trùde, ma petite-fille...
HILDA (*désespérée se lève ; Ortrade la fait asseoir*).
Elle ne finira donc jamais !

GUDULE

Fidèle à ma promesse, j'ai travaillé jusqu'à ce que la grande nuit soit faite, et que je ne puisse plus distinguer mes fuseaux...

(*Tristement*) Je suis maintenant une pauvre vieille femme inutile, une bouche de plus à nourrir pour ma brave enfant !

HILDA (*se levant brusquement*)

C'est incroyable ! Comment ne vous êtes-vous pas fait aider ; mon père aurait bien pu vous payer des aides ; mais peut-être vouliez-vous garder le gain pour vous seule ? (*Elle se promène de long en large*).

GUDULE (*un peu blessée*)

Hé non ! Damoiselle, avec tout l'or des Flandres, la dentelle ne pouvait changer de main. Il n'y a que Trùde qui ait pu continuer, car, (*baissant la main*) elle était haute comme celà lorsqu'elle a commencé à apprendre le point que j'étais seule à connaître.

Quand elle a pris les fuseaux, il était impossible de distinguer à quel endroit c'était ; moi-même, j'aurais pu m'y tromper ! C'est la dernière chose que j'ai vue, mais je l'ai bien vue, je vous assure !

HILDA (*à droite de Gudule*)

Pourquoi ne travaille-t-elle pas, puisqu'elle seule peut le faire ? Savez-vous que j'ai grand'hâte d'avoir cette dentelle ! J'épouse dans un mois le landgrave de Hainault ; (*Au public*) et je veux que jamais fille de roi ne soit plus richement parée que Hilda de Valkerke entrant dans la cathédrale de Bruges, voilée de la merveilleuse dentelle.

GUDULE (*se levant*)

Mais, Damoiselle...

HILDA

Si Trûde passe son temps à la ville, l'ouvrage ne doit pas avancer vite ! Je veux qu'elle y travaille sans relâche ; soyez tranquille, Gudule, je la récompenserai bien.

GUDULE

Oh ! Damoiselle, pouvez-vous dire ? C'est la première fois qu'elle quitte son carreau depuis longtemps. Klaûs, son petit garçon, est bien malade, et il s'affaiblit de plus en plus. Elle est si inquiète, la pauvre petite, que, depuis des semaines, elle ne dort pas plus qu'au moment où son homme se mourait.

Alors, je lui ai dit d'aller avec le petit trouver notre vieux mire, qui est si savant ; mais, hélas, ce ne sera pas sa science qui le tirera de péril, je crois... Il lui faudrait de l'air et du soleil à cet enfant ; et, douce Vierge, c'est malheureusement impossible. (*Elle retombe assise*).

HILDA (*vivement*)

Quelle idée ? Pourquoi cela ?

GUDULE

C'est à cause de la dentelle que nous sommes ici. Quand elle sera terminée, nous irons à Ostkamp, chez mon frère ; Trùde aussi en a grand besoin.

HILDA

Vous aurez bien raison de quitter ce trou de

taupes, si noir et si vilain. Mais, est-ce de ma faute, dites-moi, si vous y êtes restée jusqu'à ce jour ? Je ne soupçonnais même pas votre existence ; jamais, (*Elle désigne Ortrade*) cette vieille Ortrade ne m'en avait soufflé mot.

(*Naïvement*) Vous pouvez bien aller gîter là où vous voulez, campagne ou ville, ce m'est tout à fait égal... Mais... (*Elle avance son doigt*) que ma dentelle soit prête à temps.

GUDULE (*à part, tristement*)

Oui, je sais bien qu'il y a des chrétiens à qui cela ne fait rien qu'on meure à la peine.

(*Haut*) Damoiselle, la dentelle pour être belle, doit être travaillée dans l'humidité et l'obscurité par rapport à la couleur du fil qui jamais ne doit voir le soleil.

HILDA (*à Ortrade, à part*)

Je crois que cette bonne vieille radote un peu ; qu'en penses-tu, ma mie ?

ORTRADE

Damoiselle... !

HILDA (*l'interrompant en riant*)

Allons, assez. Voyons Gudule, montrez-moi votre triomphant chef-d'œuvre ; je suis venue pour l'admirer, vous savez, et le temps passe bien vite.

SCENE II

HILDA, ORTRADE, GUDULE, TRUDE
et le petit KLAUS

TRUDE

Me voilà, grand'mère. Je vois que vous avez des visites. Alors le temps ne vous a pas duré quand je n'étais pas là ?

GUDULE

C'est notre demoiselle Hilda qui est venue voir la dentelle. Montre-la lui, mon enfant.

TRUDE

Oh ! pas possible !!! (*Gracieusement*) Damoiselle que je suis donc heureuse de vous voir ; je n'aurais jamais osé l'espérer. Nous sommes pauvres, c'est bien misérable pour vous, ici, et c'est loin de Bruges, Valkerke...

KLAUS (*gémissant et se serrant contre Trude*)

Oh ! maman ! j'ai mal, maman !...

TRUDE

Allons, mon petit, ne pleure pas ; viens dormir. *Elle va le coucher dans son berceau)*
Savez-vous, grand'mère, ce qu'à dit le mire ? — « Si l'enfant toujours ici demeure, jamais plus ne vous sourira. » — (*D'une voix tremblante*) O mon pauvre petit. !

Excusez, Damoiselle, je ne pense qu'à lui. Tenez, je vais vous montrer ce que nous avons déjà fait, grand'mère et moi ; voyez-vous, c'est bientôt fini. (*Elle déroule l'ouvrage*). Je suis habituée à travailler dans l'ombre, tout le monde n'en ferait pas autant.

ORTRADE (*en extase*)

C'est vraiment superbe, superbe à éblouir tous les saints du Paradis ; envoyez-moi tous ceux qui diront le contraire, foi d'Ortrade, vous verrez comme ils seront reçus... Je crois bien que malgré ce qu'on lui disait, notre Damoiselle ne s'attendait à rien de pareil.

HILDA (*stupéfaite*)

C'est admirable ! La merveilleuse dentelle ! Comme c'est fin ! (*A Trude*) Les araignées du grand donjon qui sont si habiles n'en feraient jamais autant.

TRUDE

Ce n'est pas tout ; voyez encore, Damoiselle, il y a d'autres dessins. (*Klaus gémit, elle va le bercer doucement*).

HILDA

Que c'est beau ! que c'est beau ! Oh ! ce grand oiseau qui s'envole ! et ces arbres, comme le feuillage en est délicat !

ORTRADE (*importante*)

C'est tout une histoire de chasse, au temps de votre aïeul, le comte de Flandres ; lorsque le cerf qu'il poursuivait l'a conduit, à ce qu'on dit, dans une grotte où demeurait une princesse plus belle que le jour.

GUDULE

Il ne manque plus que la moitié du feuillage d'un arbre.

HILDA

C'est ravissant. J'aime beaucoup la robe de la princesse ; les jours y sont merveilleusement travaillés.

(*Gracieusement*) Comme je serai jolie, moi aussi, parée de la dentelle ! Je possède un étoffe précieuse, venant de la Chine, toute brillante et souple; la chasse au cerf lui fera une garniture splendide.

(*S'avançant et avec fierté*) La robe de la reine de France est en brocart d'or ; mais combien plus belle sera Hilda de Valkerke, lorsqu'elle entrera, ainsi parée, dans la cathédrale de Bruges ; que d'envieuses elle fera, et combien d'hommages seront déposés à ses pieds.

(*A Trude, délibérément*) Je veux que ceci soit terminé avant le mois prochain ; il faudra encore quelques jours pour l'ajuster sur mon vêtement ;

vous comprenez que maintenant, je tiens d'autant
plus à la porter, que je la connais cette précieuse
dentelle.

TRUDE (*sursautant*)

Mais, Damoiselle ! c'est impossible ; deux mains
environ restent encore à faire.

GUDULE (*renchérissant*)

On ne peut couper le dessin ! Savez-vous qu'en
travaillant depuis l'aube jusqu'au couvre-feu on
ne fait guère qu'un demi-pouce d'une très mince
largeur ; il faut trois mois au moins pour l'achever.
D'ailleurs, comme il était convenu avec notre comtesse, Trùde aurait bien encore huit bons mois pour
travailler. Vous ne deviez avoir la dentelle que le
jour de vos vingt et un ans, Damoiselle!

HILDA

C'est bien possible, mais il est également assuré
qu'il me la faut dans ce délai. Je ne puis reculer mon
mariage, ma mie.

TRUDE

Hélas ! Je suis si fatiguée... Mon petit Klaùs est
bien malade, il a besoin de beaucoup de soins ; et
je puis à peine m'occuper de lui. Ayez pitié de nous
deux, et aussi de grand'mère qui se tourmente si
fort ; je vous en prie, chère Damoiselle, ne prenez
pas le peu de temps qui appartient à mon fils.

GUDULE

Damoiselle ! vous avez tant d'autres belles choses ; le nécessaire, c'est quand on a rien pour se couvrir. Dans vos coffres, il y a déjà de quoi éblouir toute une contrée (*suppliante*). Savez-vous que c'est la vie de ces deux-là que vous demandez, et celle de la pauvre vieille aussi, car, sans eux, elle ne restera pas longtemps sur terre. Ayez pitié, vous qui êtes déjà si heureuse ; vous mettrez la dentelle un peu plus tard et le bon Dieu vous bénira.

HILDA (*indécise*)

Je voudrais pourtant bien l'avoir, cette dentelle ! (*A Trude*) Travaillez un peu plus longtemps chaque jour, Trûde, et je vous donnerai mille écus de France si la dentelle est terminée au moment voulu.

TRUDE

Oh ! ce serait la fortune, (*elle joint les mains*) la santé de Klaùs ! si je pouvais ; mais il faudrait travailler toute la nuit, le seul moment où je lui appartiens.

ORTRADE

Allons ! on peut tout ce qu'on veut : ne contrariez pas cet enfant ; que vous importe de travailler quelques heures de plus ?

GUDULE (*sombre*)

Ça fait qu'on y perd le sommeil, la santé, la joie, Damoiselle, et, quelquefois aussi... ses yeux.

TRUDE (*courageusement*)

Oh ! cela ne me fait pas peur. Je vous donnerais bien encore mes yeux en sus des quinze années de ma vie qui sont là. Mais Klaüs est malade ; je ne peux vous donner la vie de mon enfant.

ORTRADE

Ce sont de beaux mots tout celà ; envoyez-le à l'hospice Saint-Jean, ce petit, si vous ne pouvez le soigner ; et que tout soit dit.

HILDA (*après un silence*)

La nuit tombe.

Il me faut aller essayer quelques nouveaux ajustements ; (*Silence*) je suis si occupée...

(*Elle part ; ayant fait quelques pas se retourne*). Dans son intérêt et celui de son fils, Trüde finira cette dentelle et me l'apportera le vingt-cinq de cette lune (*Elle se retourne encore une fois*). C'est entendu, n'est-ce pas. ?

TRUDE (*l'accompagne esquissant une timide révérence*)

Je ferai ce que je pourrai, Damoiselle... (*Se retournant les yeux au ciel*) avec l'aide de Dieu !

RIDEAU

LE MENEUR DE JEU

Dévotes et bonnes gens,

Avez ouï avec moult attention et bénévolence le premier cycle de cette histoire.

Daignez prêter oreilles quelques instants encore, verrez alors comment Travail, Prière et Charité percent du ciel la voûte bleue, et font descendre, emmi les frimas et les larmes, paix et lumière, joie et réconfort.

DEUXIÈME ACTE

(La Toile se lève)

DEUXIÈME ACTE

SCÈNE PREMIÈRE

Le décor est le même qu'à l'acte précédent. Gudule file, Trude travaille. Klaüs est couché dans son berceau. Neuf coups frappent à l'horloge de la cathédrale.

TRUDE

Comme il se fait tard ! Que pas un instant ne se perde. Courez, courez mes fuseaux, tant que brûlera la chandelle.

Grand'mère, voulez-vous bercer Klaüs ? Pendant son sommeil, au moins, il ne souffrira pas.

Le Mire a dit qu'il lui fallait du grand air, du soleil, de la verdure à la campagne, et je ne puis !

Moi qui me réjouissais tant à l'idée que peut-être je la verrais un jour, notre Damoiselle... sans oser l'espérer, je l'attendais, comme on attend un rayon de soleil après une journée très grise. Elle est venue et depuis je suis comme glacée. Il me semble que rien ne sourira jamais plus.

GUDULE *(berçant Klaüs)*

La Damoiselle n'est pas méchan'e.

TRUDE

Elle agit comme si elle l'était.

GUDULE (*continuant*)

Elle est aveugle, plus aveugle que moi, plus
pauvre que toi, peut-être, car elle ignore tout de
la vie.

TRUDE (*secouant la tête*)

C'est sa faute.

GUDULE

Que veux-tu demander à une enfant : une enfant
sans mère, dont tous les caprices sont des ordres
pour ceux qui l'entourent ; il faut la plaindre et
l'excuser.

TRUDE

Elle ne m'a pas donné le temps de l'excuser ;
« Travaillez sans relâche » ; ce sont ses propres
paroles. (*elle repousse son métier*). Travailler, travailler, à quoi bon ! La dentelle finie, les écus bien
comptés, Klaùs sera-t-il encore là ?

GUDULE

Allons, Trùde, ne te décourage pas ; Dieu peut
encore nous venir en aide.

TRUDE (*amèrement*)

Dieu ne vient en aide qu'aux riches..... et nous
sommes pauvres, pauvres... Vous êtes aveugle à

force de travail, grand'mère ; ce même travail va m'emporter ; je le sens, je suis épuisée, découragée, C'est trop !

Mon enfant va mourir dans l'ombre, et tout près le soleil fait vivre tant d'autres petits comme lui.

Qu'a-t-il fait, qu'avons nous fait, mon Dieu, pour mériter pareille misère. (*Long silence*).

GUDULE, (*qui est revenue à sa place, l'enfant endormi*)

Trùde, mon enfant, veux-tu aller chercher notre Bible, j'aimerais te l'entendre lire ce soir.

(*Trude va chercher le livre*).

Viens près de moi, (*Trude obéit*) encore plus près, petite, comme lorsque tu apprenais tes lettres, autrefois.

(*Trude pose le livre sur les genoux de Gudule et s'agenouille elle-même.*)

Laisse-moi l'ouvrir ; sans les paroles bénies qu'elle renferme, je sais bien qu'il nous serait impossible de continuer à vivre. Lis maintenant, où tu voudras...

TRUDE (*d'une voix recueillie*)

« Bienheureux les pauvres, car le royaume du ciel est à eux. »

« Bienheureux ceux qui sont doux, car ils posséront la terre. »

« Bienheureux ceux qui pleurent, car ils seront consolés. »

(*Emue*). Grand'mère, je connaissais ces paroles ; bien souvent je les ai lues, mais il me semble les comprendre pour la première fois ; n'est-ce pas écrit pour nous ?

GUDULE (*comme dans un rêve*)

Bienheureux, bienheureux, trois fois bienheureux ; le crois-tu, mon enfant ?

TRUDE (*simplement*)

Oui, je le crois.

GUDULE

Continue à lire.

TRUDE

« Quiconque demande, reçoit; quiconque cherche, trouve : et l'on ouvrira à celui qui heurte. »

GUDULE

Le feras-tu ?

TRUDE

Il me semble qu'une vie nouvelle monte, monte en moi ; un rayon de lumière est descendu de bien haut. Je vais travailler maintenant, sans perdre courage... jusqu'au bout.

GUDULE

Une dernière fois, ouvre le livre

TRUDE

« Aime ton prochain comme toi-même pour
l'amour de moi. » (*courageusement*).

J'essayerai d'oublier, grand'mère, j'essayerai
de pardonner, peut-être ; mais c'est bien difficile,
et je n'ai que ma bonne volonté. (*Elle reste une
minute appuyée sur Gudule ; puis tressaille, le couvre-
feu sonne. — Carillon. — Une voix dans le lointain
chante :*)« Bonnes gens, vos feux couvrez et priez
pour les trépassés. »

GUDULE

Le couvre-feu ! (*Trude se relève.*) Il faut clore le
soupirail, Trùde, si tu veux t'acharner à l'ouvrage.
Prends bien garde au veilleur de nuit.

TRUDE

J'y vais, grand'mère. (*Elle va à la porte.*)

(*Le veilleur chante pour la seconde fois ; il se
rapproche*).

Maintenant, dormez, il faut vous reposer ; (*Elle
'embrasse, puis va border Klaus.*) Soyez tranquille,
je veille. (*Le veilleur s'éloigne en chantant.*)

GUDULE (*bourrue*)

Oui, c'est bon, on y songera.

(*A part*). Il faudrait encore un peu de fil. Je ne
veux pas laisser cette enfant veiller seule.

(*Elle file, puis bercée par la chanson de Trude, elle
s'endort tout doucement*).

CHANSON DE TOILE

TRUDE (*chante*)

Courez, courez petits fuseaux,
Alertes, gais et agiles ;
Entremêlez dans vos anneaux
Vos fils menus et fragiles.
Tandis que vous courez joyeux
Se déroule la dentelle
Qui doit orner les blonds cheveux
De la belle Damoiselle.

Dansez, dansez petits fuseaux,
Vos jolis tournois de fête,
Car notre nef aux grands arceaux
Pour l'hymen déjà s'apprête,
Et belle à ravir tous les yeux,
Très fière de sa dentelle,
Va passer dans un flot soyeux
Notre noble Damoiselle.

(*Un léger bruit fait retourner Trude ; elle voit
la grand'mère qui dort, et, d'une voix attendrie :*)

Pauvre grand'mère : c'était certain !

(*Elle reprend la chanson.*)

Chantez, chantez, petits fuseaux,
Vos chansons les plus ailées,
Comme dans les ombreux rameaux,
Les fauvettes envolées.

Car bientôt, sonnants et nombreux,
En échange de ma dentelle,
Vont rouler, dorés et joyeux,
Les écus de la Damoiselle.

(*Un gémissement de Klaùs l'interrompt, brusquement elle se lève.*)

Pourquoi pleures-tu, mon petit ? (*Avec inquié-
tude*) Comme il est rouge, lui qui tout à l'heure était
si pâle, si pâle. Mon chéri, que regardes-tu ? —
N'aie pas peur, c'est ta maman qui est près de toi.
Ses yeux sont grands ouverts et il ne m'entend
pas. — Klaùs, que veux-tu que je te donne. As-tu
soif, mon agneau ? — Non. (*D'une voix étranglée,*)
Alors quoi ? (*Sur un ton de complainte elle le berce*),
Dors, dors tranquille, et sur son vaisseau de brouil-
lard le Hollandais volant t'apportera un bel oiseau
des îles, brillant comme le soleil.

Dors, je t'en supplie ! Que regardes-tu donc ainsi,
mon enfant ?

(*De plus en plus inquiète*).

Ce sont peut-être les anges qui t'appellent ; Oh!
ne leur réponds pas ; détourne les yeux. (*Elle se
penche sur lui*). Klaùs, que deviendrai-je si tu me
quittes ? Ne sais-tu pas que le cimetière est noir et
triste ; tu y auras si froid, et je ne pourrais pas
réchauffer mon enfant. Lorsque le vent sifflera, le

soir, et que les loups hurleront ; qui donc te bercera ? (*Elle regarde au loin, rêveuse.*) Ton père m'a déjà quittée ; jamais n'est revenu de son grand voyage et m'a laissée pauvre et seulette. La mort est plus forte que l'amour, car lui avais donné tout mon cœur ; (*Elle serre le bébé contre elle.*) Mais toi, mon Klaùs, tu ne partiras pas.

Tu es ma lumière et ma joie ; combien le monde serait noir... (*Eclatant en sanglots.*) Non, non, c'est impossible. (*Tristement.*) Il ne m'entend plus... Sa main est brûlante et ses yeux regardent au loin d'une façon étrange.

(*Tombant à genoux aux pieds de la statue*).

Oh ! très douce Vierge Marie, ne me le prenez pas. Ayez pitié, vous qui avec connu le sourire et les caresses d'un enfant, rendez la santé au mien : veillez sur lui ; et pour que mon travail s'achève à temps (*énergique*), faites plutôt un miracle.

(*Suppliante*). Oh ! Mère qui avez vu votre Fils mourir ; ayez pitié, ayez pitié ! Que mon enfant ne parte pas ; au nom du vôtre, ayez pitié !!!

(*Un silence. On frappe à la porte, Trùde sursaute et prête l'oreille. Un second coup. Elle se lève inquiéte*).

Qui est là ?

UNE VOIX

Ouvrez, de grâce.

TRUDE (*à part*)

Ouvrir à cette heure, c'est imprudent, peut-être ;
(*Haut*) qui êtes-vous ?

LA VOIX

Pour l'amour de Dieu, ne me repoussez pas.

TRUDE

Il neige bien fort... C'est une douce voix de
femme. (*Elle ouvre*). Entrez.

SCENE II

GUDULE endormie, TRUDE, KLAUS, L'ERRANTE

L'ERRANTE (*marchant lentement et d'une voix harmonieuse*).

Que Dieu bénisse cette maison et vous protège ;
vous seule avez ouvert votre porte à celle qui
partout a frappé en vain.

TRUDE (*naïvement*)

Peut-il y avoir en cette ville chrétien, ou même
Juif, assez inhumain pour laisser dehors créature
vivante par semblable froidure !

L'ERRANTE (*lassée*)

J'erre depuis longtemps dans les rues de Bruges.
A toutes les maisons j'ai frappé ; la ville laborieuse

est endormie, Seule une demeure était en liesse,
mais les joyeux accords des instruments de fête
ont étouffé mon appel.

TRUDE

Votre mante est toute mouillée et l'âtre est
éteint, malheureusement ; j'y ai mis ce soir ma dernière bûche. Mais, approchez tout de même, Dame,
(*Un doigt devant la bouche*), sans réveiller grand'mère
qui dort.

Le foyer est encore chaud, vous y sécherez vos
pauvres pieds. (*Elle la fait asseoir.*)

Et puis, vous avez faim, sans doute ? Tenez,
voici une miche de pain, un peu de lard. C'est tout
ce qui nous reste ici, ce soir.

L'ERRANTE (*refusant*)

Merci. Que tout ce que vous faites pour moi
vous soit rendu.

TRUDE (*tristement*)

Hélas !..., reposez tranquille ; moi, je vais re-
prendre mon travail.

L'ERRANTE (*étonnée*)

Si tard ! Mais le couvre-feu est sonné depuis
longtemps.

TRUDE

Il est vrai. Mais je dois travailler.
C'est pour gagner le pain de ces deux-là.

(*Elle désigne l'aveugle endormie et le berceau.*)

Grand'mère est aveugle et mon enfant est malade. Voyez, il souffre et gémit dans son berceau et (*avec désespoir*) je ne puis rien pour le guérir.

L'ERRANTE (*avec émotion*)

Pauvre mère !

TRUDE

Le mire m'a bien dit que le grand air lui rendrait peut-être la santé, ses jolies couleurs et sa gaité. Mais l'ouvrage me retient ici où le soleil jamais ne pénètre, et le jour, à peine.

Dès que cette dentelle sera achevée, je l'emporterai loin d'ici, mon cher petit.

...(*Soupirant*) En attendant, il faut travailler, et veiller le soir bien tard.

L'ERRANTE

Pauvre enfant ! Je suis mère aussi, comme vous j'ai souffert, et comme vous j'ai pleuré. Continuez votre ouvrage, je vais m'occuper du petit. (*Elle s'assied près du berceau*).

Autrefois, j'ai veillé un vieillard et bercé un enfant. Il y a longtemps de cela, en un lointain pays..... puis j'ai vu souffrir à mon fils des tourments affreux.

TRUDE (*tremblante de pitié à son tour*)

Pauvre mère !

L'ERRANTE

Abandonné de tous, il a expiré devant moi, impuissante à le sauver.

TRUDE (*qui la regarde avec étonnement*)

Mais, qui êtes vous donc ?

L'ERRANTE (*continuant*)

A l'instant où ses yeux pour la dernière fois ont rencontré les miens, je sentis en mon cœur que jamais ne resterais insensible à la prière d'une mère pleurant son fils... (*doucement*) Mais, voyez donc, voici l'enfantelet endormi.

TRUDE (*se levant bien vite*)

Que la Vierge Marie soit bénie, je l'avais tant priée pour lui.

Maintenant, je vais travailler le cœur plus léger et réparer le temps perdu.

(*L'Errante continue à bercer l'enfant. Trude fait aller ses fuseaux et poursuit la chanson de toile.*)

Riez, riez, petits fuseaux,
Votre douce tâche est faite,
Et le grain s'entasse en monceaux
Sous mon toit, du sol au faîte.
J'aurai du bois pour les frileux
En échange de la dentelle
Qui doit orner le front joyeux,
De la riche Damoiselle.

(*Beaucoup plus lentement.*)

Dormez, dormez, petits fuseaux
Car, sous l'aile de son Ange,
Mon enfant dort en son berceau
Comme en son nid la mésange.
Il ignore, l'insoucieux,
Ce que m'a coûté la dentelle
Qui doit orner les blonds cheveux
De la belle Damoiselle.

(*Elle ralentit de plus en plus et s'endort doucement
tandis que l'Errante étend la main.*)

L'ERRANTE

Dors, toi aussi, pauvre enfant ; tu ne m'auras
pas invoquée en vain.

J'ai frappé à ta porte et tu m'as ouvert. J'avais
froid et tu m'as réchauffée ; tu as offert ton dernier
morceau de pain à la pauvre errante. (*Haut.*) Tu
vas être payée au centuple, car j'aime et protège
ceux qui, comme toi, travaillent, espèrent et prient.

(*L'Errante se découvre et apparaît en vierge
gothique, exactement pareille à la statue devant
laquelle Trude a prié. Longue robe blanche, manteau
bleu pâle, les cheveux dénoués, une étoile d'or au
front. On entend les accords d'une musique invisible :
un grand rayon de lumière est entré dans la chambre.*)

LA VIERGE (*chante ou récite sur un accompagnement musical.*)

> O toi que la nature entière,
> A genoux, adore et révère,
>   Mon Fils, mon Dieu !
> A la prière de ta mère,
> Fais que la paix et la lumière
>   Soient en ce lieu.

(*Des voix lointaines lui répondent.*)
(*Désignant Gudule et Klaùs lentement.*)

> Rends à l'aveugle la clarté,
> Au doux enfant rends la santé.
>   Entends ma voix ;
> Chasse loin d'ici les alarmes,
> O toi qui vis couler mes larmes
>   Près de ta croix.

(*Le chœur se rapproche, mais on ne peut encore distinguer les paroles.*)

(*La porte s'ouvre, les anges entrent en procession, tout doucement.*)

> Et vous, ô célestes phalanges
> Des chérubins et des archanges,
>   Entrez sans bruit.
> Accourez, plus nombreux encore,

(*Ils viennent en grand nombre.*)

> Et changez la nuit en aurore
> Dans ce réduit. (*Tout s'illumine.*)

(*Les anges en chœur étendant la main vers Trude.*)

LES ANGES

Dors, dors... nous accomplissons l'œuvre divine
  Que la Vierge nous commanda,

(*A ces derniers mots, ils s'inclinent avec respect
devant la sainte Vierge.*)

LA VIERGE

(*au Premier Ange qui s'incline profondément,
  les mains croisées sur son cœur.*)

Sur les frimas ferme la porte,

(*L'Ange exécute l'ordre.*)

(*Au Deuxième Ange, de même.*)

Et ranime la cendre morte
  Dans le foyer.

(*Au Troisième.*)

Remplis la huche abandonnée,

(*Au Quatrième.*)

Et fleuris la branche fanée
  Sur le rosier.

LES ANGES (*Mêmes gestes que précédemment.*)

Dors, dors... nous accomplissons l'œuvre divine
  Que la Vierge nous commanda.

(*Au cinquième Ange.*)

> Berce l'enfant pour qu'il repose
> Frais et pur ainsi qu'une rose
> Dans son berceau.

(*Au Sixiéme.*)

> Et toi d'une main très agile
> Entoure ce lacet fragile
> Sur le fuseau.

LES ANGES (*mêmes gestes*)

Dors, dors... nous accomplissons l'œuvre divine
Que la Vierge nous commanda.

LA VIERGE (*au Septième Ange qui s'avance,
suivi d'un autre*)

> Viens, Séraphin, prends la dentelle,
> Achève la tâche rebelle
> D'un cœur pieux.
> Afin d'apprendre à l'ouvrière
> Que jamais en vain la prière
> Ne monte aux cieux.

(*Le Séraphin s'agenouille près de Trude endormie,
la dentelle s'achève sous ses doigts ; à mesure qu'elle
se déroule, un Ange l'étend en guirlande sur le
devant de la scène.*)

LES ANGES (*mêmes gestes*)

Dors, dors... nous accomplissons l'œuvre divine
Que la Vierge nous commanda.

(L'Ange qui filait, sa tâche achevée, étend les mains sur les yeux de Gudule.

(La musique continue, se fait de plus en plus lumineuse ; alors la Vierge se penche sur le berceau et dit à Klaüs :

LA VIERGE

Eveille-toi.

(Sans manifester aucun étonnement, le bébé se lève, passe son petit bras autour du cou de la Vierge et l'embrasse ; puis voyant sa mère encore endormie, il l'appelle à plusieurs reprises.

KLAUS

Maman !.. Maman! .. Maman!...

(Trüde s'éveille doucement ; toute éblouie, elle regarde le rosier fleuri, le feu pétillant, la dentelle achevée, puis les Anges ; Klaüs encore une fois appelle Maman! Trüde voit enfin la Vierge souriante qui lui tend son enfant, pendant que les Anges dans une attitude de prière chantent l'Ave Maria. Gudule réveillée, guérie, tombe à genoux.

LES ANGES

Ave Maria, gratia plena,
Dominus tecum,
Benedicta tu
In mulieribus (*bis*).
Fructus ventris
Tui Jesu.

RIDEAU

TABLEAU FINAL

(La toile se lève sur :

La Vierge dans une attitude de prière dominant le groupe.

Les Anges en cercle tournés vers Elle.

Hilda et Ortrade debout de profil aux deux extrémités de la scène.

Trude et Klaüs les mains jointes à droite, faisant face à Gudule placée à gauche dans la même position, tout au premier plan ; comme les donateurs dans un tableau flamand.)

(Tous en chœur répètent l'Ave Maria.)

LE MENEUR DE JEU

Bonnes et charitables gens, qui avez si fort daigné nous applaudir, sachez que nous ne voulons aucune louange, car sommes très humbles et pauvres interprètes de seules choses méritant éloge et récompense. Sachez, bonnes gens : Travail et Foi, Espérance et Charité.

Avons représenté ces vertus par personnages ; c'est pour elles que la très douce Vierge Marie est descendue sur terre, emmi les Anges du Paradis, pour elles aussi que sa grâce octroya un si doux salaire.

Hélas ! ne sommes plus au siècle du roi Loys où les Anges cheminaient benoîtement entre ciel et terre... (*Finement*) Maintes fois, Notre-Dame serait venue, près Saint-Germain-des-Prés (1), dans pauvre petit patronage qui tant a besoin de secours.. et moult le mérite si bien.

Et alors, bonnes gens, n'auriez point à délier les cordons de votre bourse. (*Il prend son gros sac vide.*) pour remplir la nôtre.

---

(1) Changez à volonté.

Comme Trùde la dentellière, avons foi et espérance en votre grande générosité.

Comme la très sainte et très doulce Vierge, ayez charité, ne trompez point notre attente, et croyez bien que pour un sol, elle vous rendra cent écus !...

FIN DU MIRACLE DES FUSEAUX

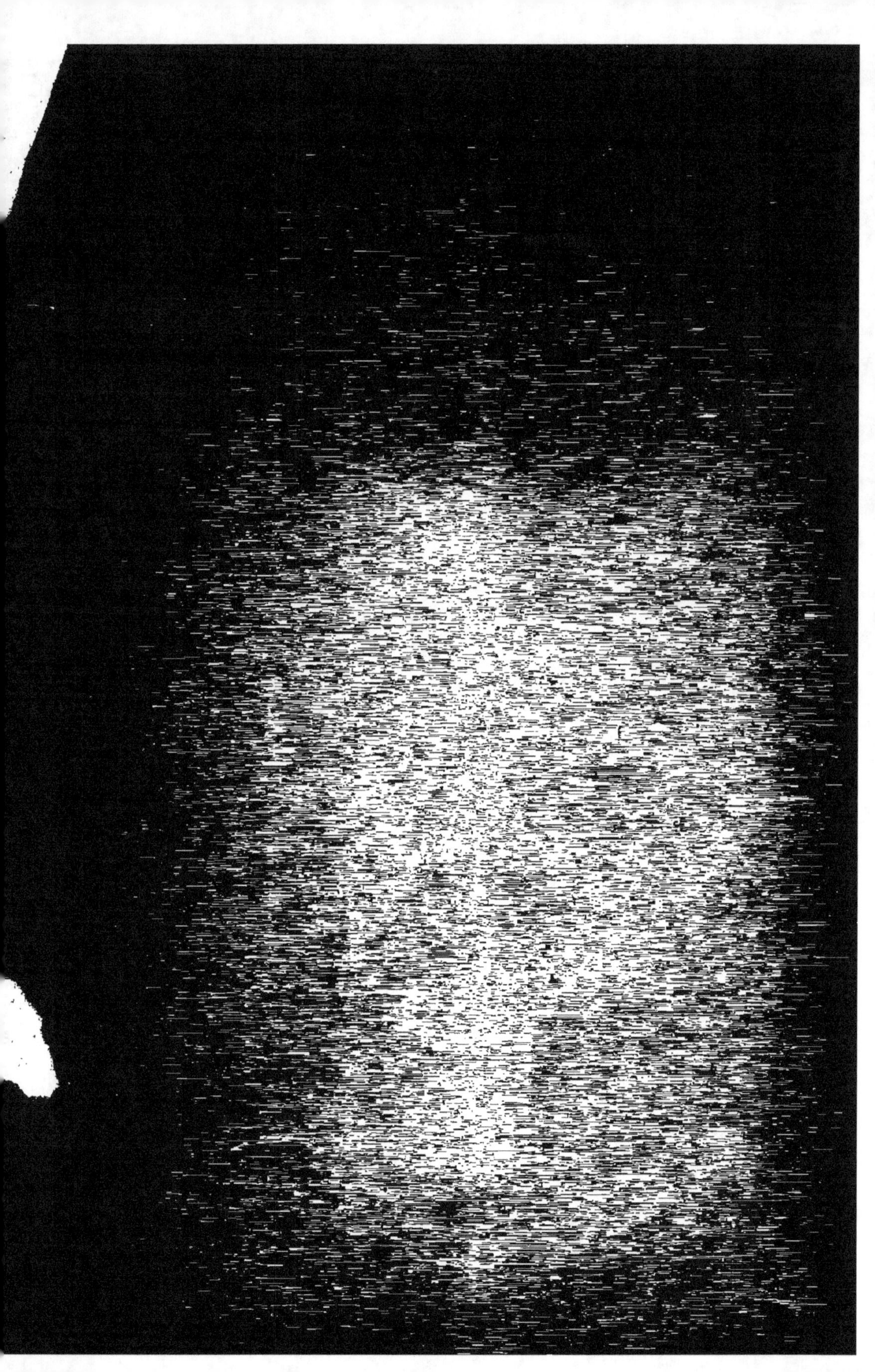